Artistes | numéro **14**

AF377020

RUBENS,
L'HOMÈRE DE LA PEINTURE

Au cœur du baroque flamand

par Marion Hallet

50MINUTES

Avec la collaboration d'Anthony Spiegeler

RUBENS

- **Nom ?** Pierre Paul Rubens, dit Peter Paul Rubens en néerlandais ou encore Pietro Paolo Rubens à l'italienne.
- **Naissance ?** Né en 1577 à Siegen, en Westphalie (région d'Allemagne, alors Saint Empire romain germanique).
- **Mort ?** Décédé en 1640 à Anvers.
- **Contexte ?** Peinture baroque flamande.
- **Œuvres majeures ?**
  - *Portrait équestre du duc de Lerme* (1603)
  - *L'Érection de la Croix* (1609-1610)
  - *La Descente de Croix* (1612)
  - *La Chasse aux tigres et aux lions* (vers 1616)
  - *L'Enlèvement des filles de Leucippe* (vers 1617-1618)
  - *Portrait de Suzanne Fourment* ou *Le Chapeau de paille* (vers 1622-1625)
  - *Le Cycle de Marie de Médicis* (24 tableaux réalisés entre 1622 et 1625), dont *L'Éducation de la reine*
  - *Les Trois Grâces* (1639)

Rubens, parfaite illustration de l'intellectuel à l'érudition universelle et doté de nombreux talents, incarne à merveille la Renaissance. Artiste au caractère affirmé, sa vie et son œuvre ne se résument pas à la peinture : grand voyageur et fin diplomate, il parcourt l'Europe et ses cours impériales, royales et princières au fil de ses nombreuses missions. Très apprécié des dirigeants européens, Rubens jouit d'un prestige remarquable pour un artiste de son époque.

Son œuvre artistique est extrêmement abondante : travailleur acharné, il multiplie aussi les collaborations avec des collègues peintres et dispose surtout d'un grand atelier à Anvers, où les commandes s'enchaînent et où la formation est réputée excellente. Mêlant son tempérament flamand à ses influences vénitiennes, notamment Titien (vers 1488-1576), Rubens est l'une des figures de proue de l'art baroque : sa peinture est sensuelle, rythmée et puissante, et il compose essentiellement en termes de mouvements, de courbes, de torsions, de contrastes lumineux et de couleurs. Son œuvre est aussi fascinante qu'éclectique, puisqu'il s'essaie à divers genres picturaux. Sa préférence va à la peinture d'histoire, genre alors considéré comme le plus noble et qu'il porte haut. Les thématiques religieuses, mythologiques et historiques lui permettent des compositions grandioses, des effets de lumière dramatiques, des gestes spectaculaires et des envolées théâtrales. Sous son pinceau généreux, la figuration décomplexée du corps humain nu atteint un niveau d'exaltation rare en histoire de l'art.

CONTEXTE

UNE PÉRIODE TROUBLÉE

L'œuvre de Rubens s'inscrit au cœur d'une période troublée pour les 17 provinces des Pays-Bas, et plus particulièrement pour les Pays-Bas espagnols, dits aussi méridionaux (Belgique, Luxembourg et Nord de la France actuels). Ceux-ci sont le théâtre de conflits religieux opposant les provinces du Nord, gagnées par la doctrine protestante et qui feront sécession pour devenir la République des Sept Provinces-Unies en 1579, et les provinces du Sud, qui restent fidèles à la foi catholique et sont placées sous la tutelle de la monarchie habsbourgeoise espagnole. Le renouveau inauguré par la peinture de Rubens apparaît presque comme miraculeux tant la situation économique, politique et religieuse de la région est désastreuse.

LE PROTESTANTISME

Au XVIᵉ siècle, l'Europe du Nord-Ouest est gagnée par la Réforme protestante, un mouvement religieux initié par le théologien Martin Luther (1483-1546) qui dénonce les excès de la papauté et du clergé et prône un retour aux bases du christianisme : il s'agit de mener une vie religieuse et sociale strictement respectueuse des principes de la Bible.

ANVERS AU TEMPS DES GUERRES DE RELIGION

Au milieu du XVIᵉ siècle, au moment où le roi Philippe II (1527-1598) accède au pouvoir en Espagne, Anvers est à son apogée économique et culturel : la ville domine toute la région des Pays-Bas du Sud et compte parmi les plus grandes cités d'Europe. Pourtant, progressivement, la situation se dégrade. Une grave récession économique intervient dès 1565 et des conflits d'ordre politique et religieux ternissent l'atmosphère de la ville, qui change plusieurs fois d'allégeance. L'Espagne tente vaille que vaille de réprimer le protestantisme dans ses territoires du Nord par des méthodes particulièrement dures.

En 1566, la Flandre connaît une violente crise iconoclaste au cours de laquelle des édifices religieux, parmi lesquels la cathédrale Notre-Dame d'Anvers, sont saccagés, entraînant la disparition d'innombrables œuvres d'art. La doctrine protestante rejette en effet le culte voué aux représentations du divin et la vénération excessive des images saintes. En novembre 1576, en pleine guerre civile, a lieu un autre épisode dramatique désigné sous le nom de « furie espagnole ». Les soldats postés en garnison dans la citadelle du quartier sud d'Anvers n'étant pas ravitaillés, une grande partie d'entre eux se mutine et pille la ville qui finit à feu et à sang. Plusieurs milliers d'Anversois perdent la vie. C'est le drame de trop, qui déclenche la révolte des Pays-Bas méridionaux (dite révolte des gueux), jusqu'à présent fidèles à la couronne d'Espagne, et marque le commencement de la guerre de Quatre-Vingts Ans opposant les provinces des Pays-Bas du Sud à la monarchie espagnole. La France, via François d'Anjou (1554-1584), tente d'y remettre de l'ordre, mais son armée est boutée hors des murs de la cité anversoise par ses citoyens. La ville est à présent sous le contrôle des calvinistes et la cathédrale Notre-Dame est transformée en temple protestant pendant plusieurs années.

1585 voit la reconquête catholique d'Anvers par Philippe II grâce à l'Italien Alexandre Farnèse (1542-1592), un grand chef de guerre, qui réinstaure un certain ordre social et politique. Les protestants d'Anvers ne sont pas pour autant exterminés : Farnèse leur donne quatre ans pour se convertir au catholicisme, sans quoi ils seront contraints de s'établir ailleurs. Les protestants quittent donc Anvers et s'installent, pour la plupart, à Amsterdam, dans les Provinces-Unies qui défendent la liberté de culte. Pour Anvers, c'est une catastrophe démographique, mais aussi culturelle et économique, car les protestants y jouaient un rôle intellectuel et commercial important.

LA PEINTURE DE LA CONTRE-RÉFORME

En 1595, Philippe II nomme son neveu, l'archiduc d'Autriche Albert (1559-1621), gouverneur des Pays-Bas espagnols en pleine révolte. Ce dernier devient souverain de ces territoires en 1598 quand il épouse sa cousine Isabelle (1566-1633), fille aînée de Philippe II et infante d'Espagne. Albert est un catholique convaincu et un brillant diplomate : sa politique est bien plus pacifique que celle de Philippe II et, sous son règne, les Pays-Bas méridionaux connaissent une période de calme relatif. Le traité d'Anvers, signé en 1609, met un terme au conflit entre la couronne espagnole, qui contrôle les territoires du sud des Pays-Bas, et les Provinces-Unies, qui détiennent les terres au nord. Le cessez-le-feu, d'une durée de douze ans, permet à la Flandre de se reconstruire.

Dans les Pays-Bas méridionaux, la vie culturelle et religieuse sous la domination espagnole puis autrichienne est surtout marquée par la Contre-Réforme catholique. Lors du concile de Trente (1545-1563), l'Église catholique romaine, soutenue par l'Espagne, engage en effet un vaste mouvement destiné à reconquérir les territoires acquis à la spiritualité protestante. Dans les Pays-Bas espagnols, l'Église bénéficie de la mobilisation de ses ordres religieux, notamment des influents jésuites, et en réponse à l'austérité protestante, maintient la peinture religieuse vivace via un courant artistique qui s'avère très efficace pour convaincre et marquer les esprits qui doutent : l'art baroque, qui s'épanouit dans toute sa splendeur et sa grandi-loquence. Destinées à la gloire de l'Église, les images baroques sont conçues de telle sorte qu'elles parlent à l'imagination du spectateur, le touchent au cœur et magnifient le catholicisme et ses préceptes.

Aussi, suite à la crise iconoclaste de 1566, les besoins de l'Église sont-ils colossaux : l'heure est à la reconstruction de son patrimoine artistique. Le retour d'un artiste énergique et prolifique comme Rubens est presque inespéré, mais particulièrement bénéfique, à la fois pour Anvers, qui devient le pôle artistique majeur de l'art baroque – avec des artistes tels que Jacob Jordaens (1593-1678) ou encore Anthony Van Dyck (1599-1641), entre autres –, et pour le peintre lui-même. Albert et Isabelle tiennent en effet Rubens en haute estime et lui passent de nombreuses commandes. L'artiste met donc son atelier au service de l'Église, afin de lui rendre son prestige.

BIOGRAPHIE

L'APPRENTISSAGE À ANVERS

Pierre Paul Rubens naît en 1577 à Siegen, une ville de Westphalie proche de Cologne. Sa famille, de confession protestante, a dû quitter Anvers quelques années plus tôt, en 1568, car on y persécutait les calvinistes sur ordre du duc d'Albe (1507-1582), régent des Pays-Bas. Jan, le père de Rubens, est un homme cultivé et important : il cumule les fonctions d'avocat, d'échevin de la ville d'Anvers et, à Siegen, de conseiller à la cour de Guillaume d'Orange (1533-1584).

Après le décès de Jan en 1587, la famille Rubens, convertie au catholicisme, revient définitivement à Anvers en 1589. Le jeune Rubens bénéficie d'une éducation humaniste : il apprend le grec, le latin, étudie la littérature classique et commence à copier les peintures exposées à Tournai, chez sa marraine, la comtesse de Lallaing. La même année, il entre en apprentissage dans les ateliers d'artistes anversois de renom, les plus connus étant Adam van Noort (1562-1641) et Otto van Veen (1557-1626). Il est également admis à la guilde de Saint-Luc d'Anvers, l'association des artistes peintres qui le reconnaît comme pair en 1598.

LE RÔLE DÉCISIF DE L'ITALIE

Comme beaucoup de jeunes peintres désireux de parfaire leur formation, Rubens entreprend un voyage en Italie. Il a 23 ans quand il arrive à Venise, en juin 1600. Il reste huit ans en Italie, où il fait des rencontres décisives. Passant par Gênes, Rome, Florence, Parme, Pise, Padoue, Vérone, Luca, Milan et Urbino, il assimile avec passion la manière de peindre des grands maîtres de la Renaissance : Léonard de Vinci (1452-1519), Michel-Ange (1475-1564), Raphaël (1483-1520), le Tintoret (1518-1594), Véronèse (1528-1588), le Caravage (1571-1610) et, surtout, Titien (1485-1576), qu'il considère comme le plus grand de tous les artistes. À chacun de ses arrêts, Rubens réalise des portraits pour l'aristocratie locale et étend sa toile de contacts.

À Mantoue, dès 1600, l'artiste se fait remarquer par le puissant duc Vincent Ier de Gonzague (1562-1612), qui le nomme peintre officiel de sa cour. Rubens réalise entre autres des copies d'œuvres appré-ciées du duc. Comme la formation d'un peintre passe avant tout par l'imitation, il s'agit là d'une situation idéale et familière pour le jeune homme. À Florence, toujours en 1600, Rubens participe au mariage du siècle, celui d'Henri IV (1553-1610) et de Marie de Médicis (1575-1642), qui lui commandera, vingt ans plus tard, une célèbre galerie de peintures pour son palais du Luxembourg à Paris.

En 1603, l'ambition de Rubens atteint une dimension européenne : pour la première fois, le duc de Mantoue le charge d'une mission d'ambassadeur auprès de Philippe III d'Espagne (1578-1621). À Madrid, le peintre découvre et étudie les impressionnantes collections espa-gnoles. C'est à ce moment qu'il réalise le célèbre portrait équestre du duc de Lerme (1552 ou 1553-1625). Ensuite, de nombreux autres voyages diplomatiques s'enchaînent. À Rome, où Rubens séjourne de 1606 à 1608, il exécute d'importantes commandes religieuses.

« PIETRO PAOLO RUBENS »

La dette de Rubens envers les peintres italiens est immense et il conserve un lien très fort avec l'Italie : il rédige sa correspondance en italien et, à partir de 1608, signe ses tableaux « Pietro Paolo Rubens ».

Si la peinture de Rubens est influencée par les artistes italiens et for-gée par l'immense culture amassée au cours de ses voyages, on sent cependant qu'il se libère peu à peu de ses modèles, tant dans la composition que dans le traitement des formes et de la couleur. Il synthétise ses acquis afin de composer une œuvre fougueuse, dotée d'une sensibilité propre.

LE CHEF DE FILE DE LA PEINTURE ANVERSOISE

En apprenant l'aggravation de l'état de santé de sa mère, Rubens quitte l'Italie en 1608. Son retour en Flandre tombe à pic pour une autre raison : avec la signature du traité d'Anvers, en 1609, la ville renoue avec la prospérité. La même année, les souverains des Pays-Bas, Albert et Isabelle, nomment Rubens peintre officiel de la cour. Si celle-ci est établie à Bruxelles, les archiducs permettent à l'artiste de rester dans son atelier d'Anvers et d'avoir d'autres commanditaires. Ils lui confient également la charge d'ambassadeur et de diplomate.

Enfin, toujours en 1609, Rubens épouse Isabella Brant, avec qui il a trois enfants. L'année suivante, l'artiste fait construire son propre palais au cœur d'Anvers : il conçoit les plans et dessine la façade en s'inspirant de ses chers *palazzi* italiens. La Rubenshuis abrite un grand atelier, ainsi qu'un plus petit, privé, la propre collection du peintre et une imposante bibliothèque. La villa est aujourd'hui un superbe musée.

Lors de sa visite à Gênes en 1607, Rubens compose un traité d'architecture qu'il intitule *Palazzi di Genova*. Il y compile les plans, élévations, coupes et dessins de nombreux édifices de la ville. Ce recueil de gravures, publié à Anvers en 1622, connaît un succès considérable et influence le style des architectes anversois qui découvrent les motifs de l'esprit baroque et maniériste génois appliqué à l'architecture. Cet ouvrage permet la diffusion d'un nouveau modèle résidentiel. La Rubenshuis est un excellent exemple de la combinaison des principes génois et de la sensibilité flamande. Il en va de même pour l'église Saint-Charles Borromée, également à Anvers.

ART ET DIPLOMATIE

La cadence des missions diplomatiques de Rubens s'intensifie au fil des années. Et ce n'est pas le décès de l'archiduc Albert, en 1621, qui change son statut de peintre officiel de la cour des Pays-Bas : l'infante Isabelle le garde à son service jusqu'à sa propre disparition, en 1633. Trois ans plus tard, il est reconduit dans ses fonctions par le nouveau gouverneur, l'infant d'Espagne et cardinal, Ferdinand (1609 ou 1610-1641). Rubens fait souvent le voyage entre les cours espagnole et anglaise et les territoires du nord, tentant de trouver un terrain d'entente entre la République des Sept Provinces-Unies et les Pays-Bas espagnols. Ses talents de négociateur et ses efforts dans le processus de paix sont récompensés : il est anobli par Philippe IV d'Espagne (1605-1665) et adoubé par Charles Ier d'Angleterre (1600-1649).

Bon nombre de ses toiles de cette époque ont pour objet la paix entre les nations, une notion précieuse aux yeux de Rubens. À chacun de ses déplacements, il exécute des commandes pour la noblesse et les collectionneurs locaux, réalise le portrait officiel des princes d'Europe et des cycles narratifs monumentaux pour décorer leurs palais, le plus connu étant sans doute celui de Marie de Médicis (1575-1642), ancienne reine de France.

Son épouse Isabella étant décédée en 1626, il se remarie quatre plus tard avec Hélène Fourment, qui lui donne quatre enfants et avec laquelle il vit une période heureuse. Celle-ci permet à Rubens d'imprimer une nouvelle volupté à ses personnages féminins. Il réalise plusieurs fois son portrait, seule ou accompagnée de leurs enfants, atteignant dans ces tableaux une dimension plus intime et plus sereine. Rubens décède d'un état de goutte aggravé en 1640, à Anvers.

CARACTÉRISTIQUES

L'ESPRIT BAROQUE

C'est dans l'esprit baroque que Rubens trouve sa voie artistique. Son pinceau se fait généreux, passionné, éloquent, et le peintre dépasse la réalité pour mieux la glorifier. Il exalte les formes, les couleurs et les corps dans des compositions irréalistes, dynamiques et tourbillonnantes. Chez Rubens, sinuosité et exagération semblent être les maîtres-mots. Ses toiles sont particulièrement expressives et l'on comprend l'effet saisissant produit sur la ferveur des catholiques à l'époque. Rubens privilégie le mouvement, voire le tumulte, et cherche à montrer la grandiloquence et la bravoure en proposant des attitudes héroïques éclatantes, très en vogue à l'époque puisque, en littérature aussi, notamment, ce sont les grandes tragédies classiques qui occupent les théâtres. Rubens est capable de tout représenter : l'amour, le désir, la joie, la grâce ou l'extase, comme l'horreur et la répulsion dans ses scènes de martyres, de batailles ou de mort.

Les œuvres de Rubens sont facilement reconnaissables :

- les corps sont voluptueux, puissants et adoptent souvent des poses complexes ;
- les couleurs sont chaudes et chatoyantes, inspirées des maîtres vénitiens – il utilise notamment beaucoup les tons ocres, à l'instar de Titien – ;
- la composition est dynamique, construite grâce à des diagonales et des motifs pyramidaux ;
- la ligne d'horizon est souvent basse, augmentant l'impression de grandeur ;
- l'artiste privilégie les effets lumineux dramatiques.

RELIGION ET MYTHOLOGIE

Force est de constater que, chez Rubens, les thématiques religieuses cohabitent souvent avec la mythologie antique. Celle-ci constitue, au XVIIe siècle, une source d'inspiration intarissable pour les artistes : elle offre à Rubens une foule de récits et de personnages qui lui permettent de laisser libre cours à sa fantaisie et à sa fougue.

Païenne par définition, la mythologie antique n'entre pourtant pas en conflit avec les convictions religieuses du peintre et son statut de porte-parole de la Contre-Réforme en charge d'exalter la foi catholique. Le goût de Rubens pour le dessin généreux, les formes opulentes et les couleurs de la chair trouve tout son content dans l'un comme dans l'autre. La peinture d'histoire, qu'elle soit religieuse ou mythologique, sied donc parfaitement à l'ambition de Rubens qui, dès lors, privilégie le format monumental. Mais l'artiste se plaît aussi à peindre des scènes de genre, des portraits et des paysages. L'ampleur de son atelier à Anvers lui permet en effet l'éclectisme et la diversité.

UN ATELIER EFFICACE

Si l'artiste déborde d'énergie, il est impensable qu'il ait pu réaliser toute son œuvre (près de 2000 créations en tous genres !) de son unique pinceau. Il est en effet à la tête d'un vaste atelier structuré et hiérarchisé où se bousculent les meilleurs étudiants et apprentis d'Anvers. Il faut donc envisager la peinture de Rubens, du moins celle de la période de ses grands chefs-d'œuvre, comme le résultat d'un travail collectif. Les tâches sont réparties entre les différents collaborateurs en fonction de leurs aptitudes et le génie de Rubens réside aussi dans une supervision efficace. Ainsi, s'il est immensément doué, virtuosité attestée par ses nombreux travaux préparatoires, il ne faut pas se laisser aveugler par le mythe du créateur solitaire.

Multitâches, il est un vrai chef d'entreprise puisqu'il doit également gérer les commandes et ses clients, et se doit de s'afficher aux événements mondains. Rubens a aussi l'œil pour les talents et l'intense activité de son atelier a le mérite d'avoir stimulé l'esprit créatif de peintres prometteurs dont certains réussissent à s'épanouir hors de l'ombre du maître. L'influence de Rubens dans le rayonnement artistique d'Anvers et de la Flandre est donc majeure.

RUBENS, PORTRAITISTE ET PAYSAGISTE

Peintre des cours européennes, Rubens est habitué au genre du portrait officiel et traditionnel qu'il renouvelle pourtant à différents égards. S'il en maîtrise parfaitement les codes – pose digne, habits d'apparat, tentures pourpres ou colonnes antiques en arrière-plan –, Rubens préfère les grands ouvrages qui lui permettent de représenter des gestes héroïques. Mais cela ne l'empêche pas d'être capable de créer une ambiance plus intime et plus calme quand il représente ses proches, par exemple.

Les dix dernières années de la vie de Rubens sont douces et paisibles. Il séjourne régulièrement en famille à la campagne, où il acquiert un château en 1635. Il prend alors goût à la peinture de paysages : 17 toiles de ce genre sont retrouvées dans son atelier après son décès.

Son traitement des couleurs et de la lumière se fait plus subtil à cette époque, voire plus doux, et le rendu des matières est plus moelleux et plus fluide, dans le même esprit que Titien à la fin de sa vie. Rubens démontre alors une vraie liberté d'expression : s'affranchissant de ses propres conventions, il opte pour davantage de poésie, de légèreté et de lyrisme.

UN ARTISTE TRÈS SOLLICITÉ

Rubens est très demandé jusqu'à la fin de sa vie. Il réalise des commandes de grande envergure comme la *Joyeuse Entrée* du cardinal Ferdinand, pour qui il conçoit de grandioses constructions éphémères le long de son parcours de présentation à Anvers en 1635. Il décore également, en 1636, le pavillon de chasse du frère de Ferdinand, le roi d'Espagne Philippe IV.

PORTRAIT ÉQUESTRE DU DUC DE LERME

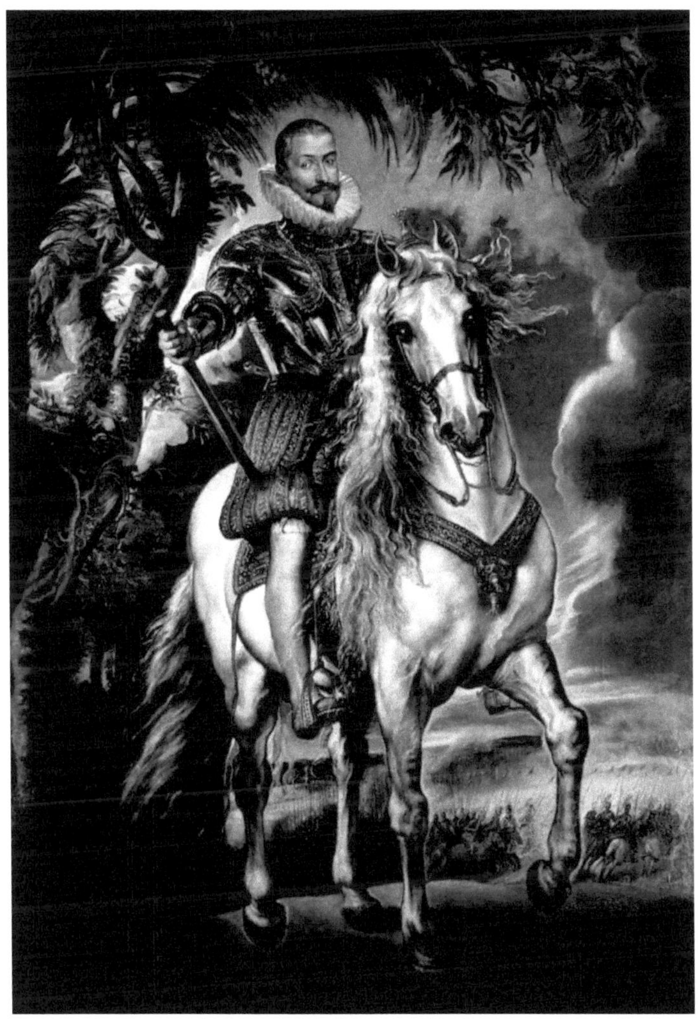

Portrait équestre du duc de Lerme, 1603, huile sur toile, 290,5 x 207,5 cm, Madrid, musée du Prado.

Rubens réalise cette œuvre en marge de sa mission diplomatique à Madrid auprès de Philippe III d'Espagne, en 1603. Le duc de Lerme est un personnage très important : il est le favori et ministre du roi. Rubens opte donc pour un portait équestre d'un guerrier, son armée à l'arrière-plan. L'influence de Titien, et en particulier de son *Portrait équestre de Charles Quint à Mühlberg* (vers 1547), est ici évidente.

La grande nouveauté de Rubens avec le portrait du duc de Lerme réside dans le mouvement de torsion et la position de trois-quarts du cheval et de son cavalier qui changent complètement des profils habituels. Le point de vue du spectateur est volontairement placé bas : en effet, une ligne d'horizon basse permet de monumentaliser le personnage.

Le peintre révolutionne également l'art du portrait grâce à sa composition : dans une mise en scène dramatique et spectaculaire, les nuages s'écartent et le cheval fait irruption sur le devant de la scène en avançant vers le spectateur. Avec cette toile, Rubens gagne ses premiers galons et crée un nouveau modèle du portrait équestre qui influence de nombreux artistes après lui.

L'ÉRECTION DE LA CROIX

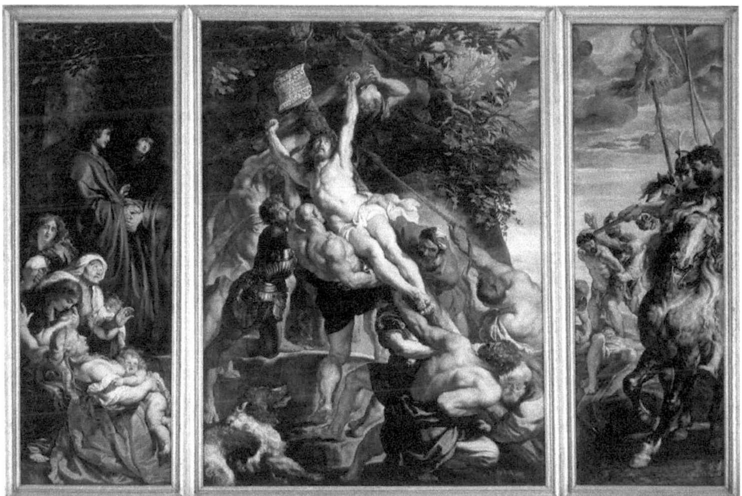

L'Érection de la Croix, 1609-1610, huile sur toile, 460 x 340 cm, Anvers, cathédrale Notre-Dame.

Toile emblématique de l'œuvre de Rubens et considérée par beaucoup comme le manifeste de l'art baroque flamand, *L'Érection de la Croix* est réalisée peu de temps après le retour d'Italie de l'artiste, vers 1609-1610. Ses influences sont claires : on reconnaît la puissance des corps tendus par l'effort selon Michel-Ange (1475-1564), les effets dramatiques d'ombre et de lumière inspirés par l'œuvre du Caravage et la gamme de couleurs chaudes de Titien et du Tintoret.

Cette toile constitue le panneau central d'un colossal triptyque conçu à l'origine pour le maître-autel de l'église Sainte-Walburge d'Anvers. Avec ce chef-d'œuvre empreint du goût baroque pour le drame et le pathétisme, Rubens frappe fort : en ordonnant un ensemble tourbillonnant de personnages autour d'un axe diagonal qui part vers l'arrière, l'artiste fait preuve de dynamisme et d'expressivité dans son approche de la construction picturale. Remarquez aussi l'originalité dans les raccourcis des corps et dans les effets violents du clair-obscur. De toute leur force, les bourreaux érigent la croix où est cloué Jésus-Christ, le corps vigoureux, mais déjà pâle comme la mort. Il s'agit d'un thème assez peu représenté à l'époque, mais qui prend tout son sens une fois replacé dans le contexte de la Contre-Réforme et des débuts du baroque flamand : l'érection de la croix est un moment intense de basculement et de tension que Rubens magnifie pour les fidèles de l'Église catholique.

Le volet à gauche du panneau central représente l'apôtre Jean et Marie, la mère du Christ, accompagnés de femmes en larmes, dont Marie-Madeleine, tandis que le panneau droit montre un soldat romain à cheval qui semble diriger la scène centrale de crucifixion, ainsi que les deux larrons bientôt crucifiés aux côtés du Christ. Les volets représentent pour leur part les saints attitrés de la cathédrale Notre-Dame : saint Amand, sainte Catherine, saint Eloi et sainte Walburge.

Dans la foulée, entre 1612 et 1614, Rubens peint un pendant à *L'Érection de la Croix*, également conservé dans la cathédrale Notre-Dame : il s'agit du très célèbre tryptique de *La Descente de Croix*, un chef-d'œuvre tout aussi impressionnant. L'artiste construit sa composition autour d'une grande diagonale et concentre la lumière sur le corps livide du Christ mort, descendu de la croix avec une infinie douceur par les hommes qu'il sauve par son sacrifice. Le moment tragique que représente Rubens allie puissance et grâce : la puissante musculature, dorénavant sans vie et témoignant d'une souffrance semblable à celle des héros antiques, trace un mouvement descendant sinueux qui trouve écho dans les arabesques et les courbes dessinées par les corps des personnages qui l'entourent et s'empressent de venir le soutenir.

LA CHASSE AUX TIGRES ET AUX LIONS

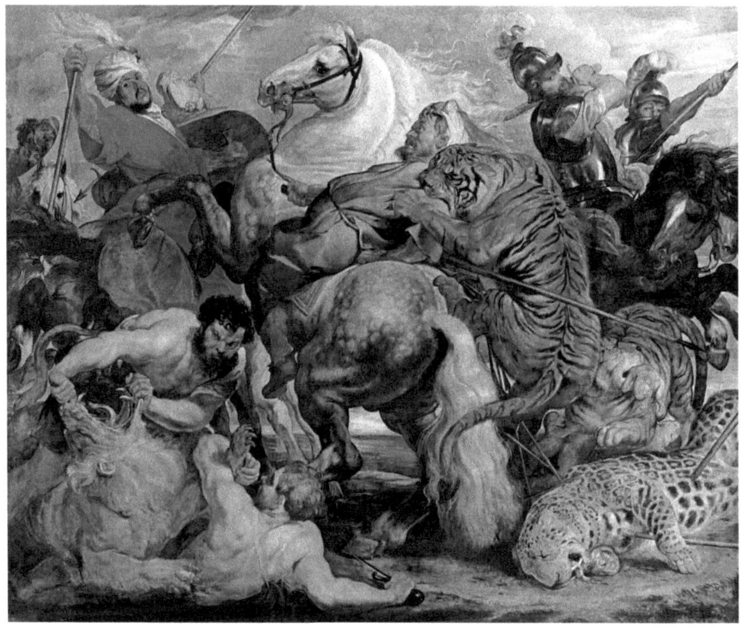

La Chasse aux tigres et aux lions, vers 1616, huile sur toile, 253 x 319 cm, Rennes, musée des Beaux-Arts de Rennes.

Cette œuvre compose un ensemble décoratif avec trois autres toiles (*La Chasse au sanglier*, *La Chasse à l'hippopotame et au crocodile* et *La Chasse au lion*), également des scènes de chasse commandées par Maximilien de Bavière (1573-1651) pour son château de Schleissheim. Les scènes de chasse, surtout d'animaux exotiques comme ici, commencent, à l'époque, à devenir un genre pictural répandu qui doit son succès au renouvellement du thème par Rubens.

Le peintre choisit de représenter sa chasse de la même façon qu'il compose ses scènes de batailles : avec exubérance. Rubens parvient à faire d'une toile plus décorative que réaliste l'équivalent des images épiques issues de l'Ancien Testament ou de la mythologie grâce à la représentation de la violence en pleine action, aux raccourcis audacieux, à l'intensité et la cohabitation des couleurs chaudes et froides, aux mouvements tournoyants et complexes, aux figures qui s'entremêlent et à la puissance de la mêlée. Les corps d'hommes et d'animaux sont impliqués dans des directions opposées autour de deux grandes diagonales, mais la scène reste bien visible. De nouveau, la ligne d'horizon est basse, rendant la scène plus impressionnante encore pour le spectateur.

Rubens rend ici hommage à un autre de ses modèles italiens : Léonard de Vinci et sa fresque murale *La Bataille d'Anghiari* (1503-1505) au Palazzo Vecchio de Florence. L'artiste anversois se livre donc à une synthèse de ses influences italiennes, y ajoutant encore plus d'ampleur pour une mise en scène inouïe.

L'ENLÈVEMENT DES FILLES DE LEUCIPPE

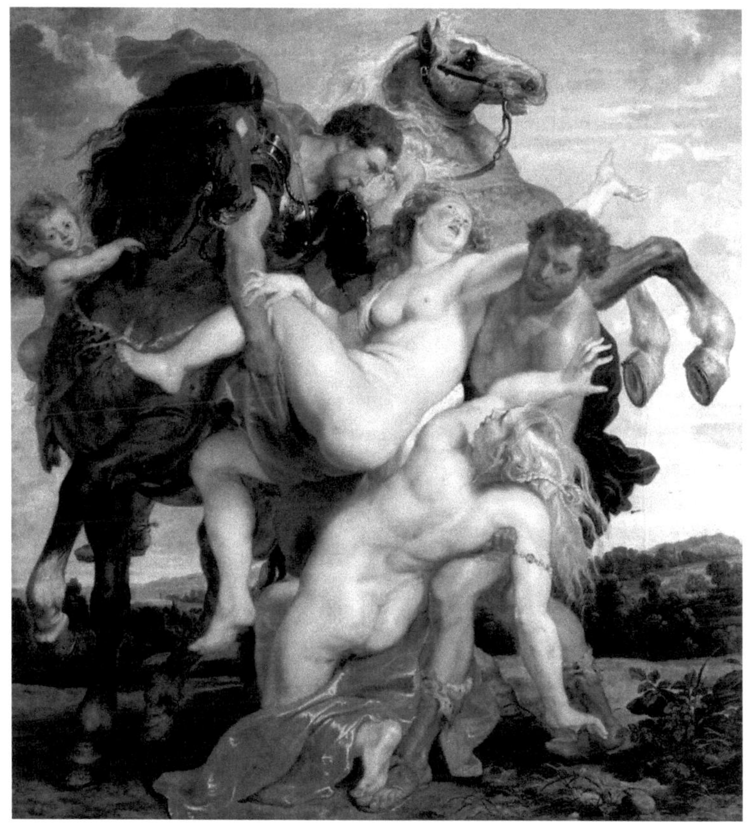

L'Enlèvement des filles de Leucippe, vers 1617-1618, huile sur toile, 224 x 210,5 cm, Munich, Alte Pinakothek.

L'épisode de la mythologie représenté ici montre le rapt, un peu avant leur mariage, d'Hilaire et de Phébé, les filles du roi d'Argos, Leucippe, par les jumeaux Castor et Pollux. C'est un formidable chef-d'œuvre de l'art baroque qui, une fois encore, présente un moment clé du récit, l'instant où tout bascule.

La toile démontre la minutie de Rubens dans ses constructions : les quatre personnages et les deux cheveux forment un carré, mais au sein même de ce carré, tout n'est que mouvement, élans opposés, courbes, contre-courbes et spirales. Rubens se plaît à représenter les différents tons et matières des chairs qui se mêlent : burinée et drue pour les hommes ; translucide, nacrée et plantureuse pour les femmes. La beauté du nu féminin est un motif essentiel dans l'œuvre de Rubens. Les jambes, les bras, les torses et les mains se croisent, se superposent et s'affrontent dans une chorégraphie parfaitement maîtrisée. Les chevaux aussi se cabrent, et le vent agite les cheveux et les capes dans une ambiance de passion déchaînée.

PORTRAIT DE SUZANNE FOURMENT
OU *LE CHAPEAU DE PAILLE*

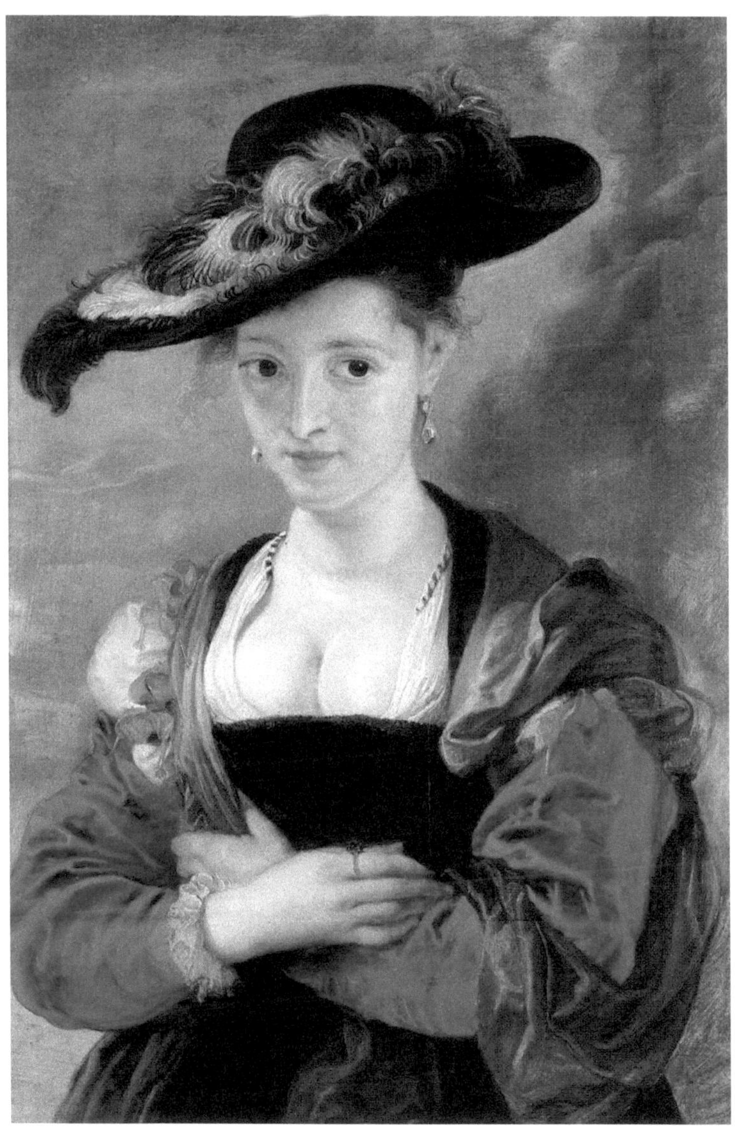

Portrait de Suzanne Fourment ou *Le Chapeau de paille*, vers 1622-1625, huile sur bois de chêne, 79 x 54,6 cm, Londres, National Gallery.

Ce portrait correspond à la période de maturité de Rubens : son style personnel est bien développé et maîtrisé. Il a assimilé ses influences italiennes, les a synthétisées et les dépasse à présent pour offrir un magnifique portrait de femme. La silhouette menue du personnage, son long cou et ses mains allongées révèlent le goût de Rubens à cette époque pour plus de douceur, de légèreté et d'élégance.

Suzanne Fourment est la sœur de la seconde épouse de Rubens, Hélène. Elle épouse Arnold Lunden en secondes noces en 1622 et il se pourrait bien que le portrait date de cette période, car le regard franc et direct de la femme par-dessous l'ombre de son chapeau et la bague à son doigt laissent penser à un portrait de mariage.

LE SAVIEZ-VOUS ?

Rubens élargit sa toile au fur et à mesure qu'il la travaille. Il ajoute une troisième bande de bois du côté droit et élargit ensuite la peinture à sa base. Ces ajouts permettent d'étendre le ciel en y peignant des nuages à droite, ce qui contraste avec le ciel plus clair du côté gauche, d'où provient la lumière qui tombe sur la gorge et les mains du modèle.

L'ÉDUCATION DE LA REINE

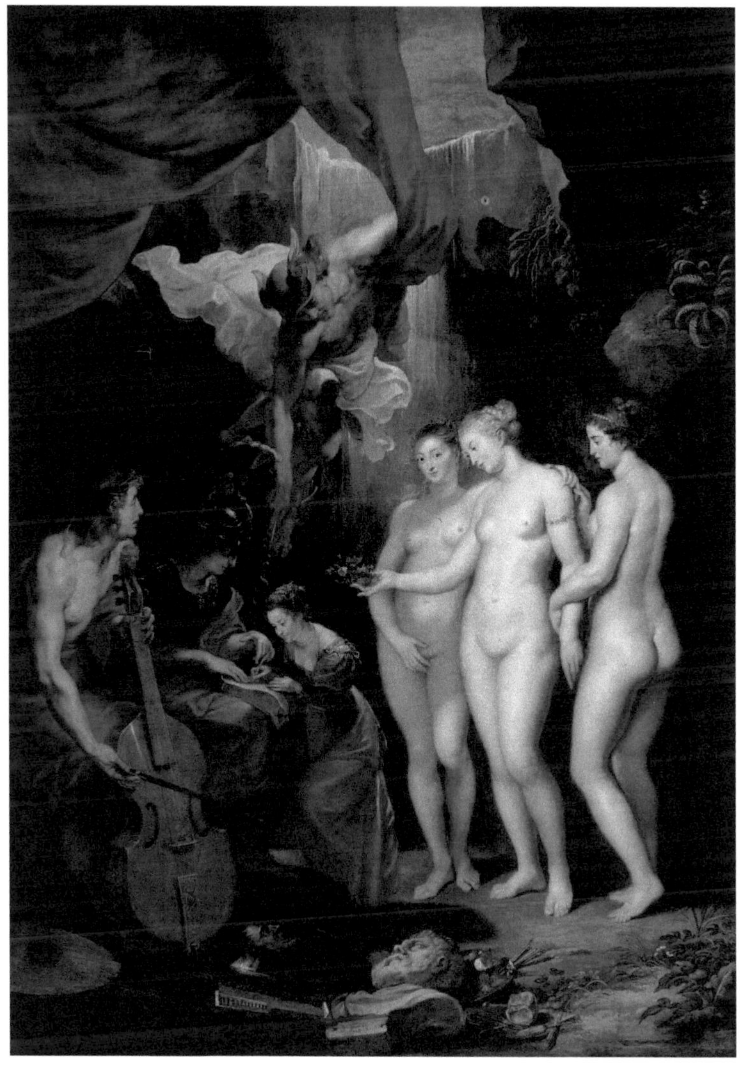

L'Éducation de la reine, vers 1622-1625, huile sur toile, 394 x 295 cm, Paris, musée du Louvre.

Cette toile fait partie d'un ensemble commandé par la reine mère de France, Marie de Médicis, et destiné à la décoration de son palais du Luxembourg, à Paris. Le cycle compte 21 tableaux représentant les gloires illustres de la vie de la reine et trois portraits.

Rubens doit faire appel à toute son imagination et à l'étendue de ses connaissances en littérature classique, car le sujet est relativement médiocre : Marie de Médicis n'a en effet pas eu une vie palpitante. Le défi est d'autant plus grand que la reine a été impliquée dans plusieurs intrigues politiques avortées qu'il ne faut surtout pas représenter, ce qui laisse encore moins de sujets à traiter. Mais l'artiste, doté du talent pictural et de la diplomatie qu'on lui connaît, parvient à glorifier une vie banale et à en gommer les événements fâcheux. Sous le prisme des allégories mythologiques et chrétiennes, et grâce aux artifices propres à la peinture d'histoire et à la rhétorique baroque, Marie de Médicis est représentée sous son meilleur jour. Les images extravagantes se succèdent et illustrent des triomphes fabuleux où la reine est entourée de tout un panthéon de dieux et de créatures mythologiques, elle-même étant aussi divinisée par moments.

L'Éducation de la reine est la troisième toile du cycle. Elle montre Marie de Médicis étudiant en présence de trois dieux dont la symbolique varie légèrement en fonction de la mythologie grecque ou romaine. Ils représentent la sagesse, l'intelligence, les arts et les sciences, l'éloquence, la poésie et la musique. Hermès/Mercure offre à Marie son caducée, symbole associé à la paix dans d'autres toiles du cycle et dès lors annonciateur d'un futur règne harmonieux. Rubens représente également les trois Grâces, symboles de joie, de beauté et d'abondance. Même si d'autres toiles du cycle témoignent mieux de l'extravagance et du lustre baroques, le décor théâtral, les couleurs chaudes et vives, les mouvements dynamiques et les envolées complexes des drapés de *L'Éducation de la reine* attestent bien de l'idéalisation et du faste souhaités par Marie de Médicis et Rubens.

RUBENS, UNE SOURCE D'INSPIRATION

Les admirateurs et suiveurs, directs ou indirects, de Rubens et de son œuvre sont si nombreux qu'il serait vain de tous les énumérer. Son atelier compte une ribambelle de talents et tous ne s'expriment pas qu'en peinture : certains deviennent sculpteurs, d'autres graveurs. Aussi, comme plusieurs mains œuvrent aux toiles de Rubens, convient-il d'y engager une certaine uniformité stylistique, ce qui engendre dès lors parfois un souci d'attribution. On a en effet associé le nom du grand maître à des œuvres d'anciens élèves et, encore aujourd'hui, il n'est pas toujours évident de faire la part des choses, surtout si le peintre ne parvient pas à se dégager de l'imposant style de l'artiste baroque et à trouver sa propre voie.

Chef de file de la peinture anversoise, Rubens collabore aussi avec des collègues et amis, comme les illustres Jan Brueghel l'Ancien (1568-1625) et Frans Snyder (1579-1657). C'est notamment ce dernier, spécialiste des représentations animales, qui peint le grand aigle dans la toile de Rubens *Le Supplice de Prométhée* (1611-1612). Antoon van Dyck (1599-1641) est par ailleurs l'élève du grand Rubens avant de conquérir l'Angleterre avec ses majestueux portraits de l'aristocratie. Son maître lui donne le goût des portraits monumentaux en pied.

Il est important de noter l'impact de l'art de Rubens dans l'histoire de la peinture occidentale, puisque celui-ci résonne jusqu'au XIXᵉ siècle. De grands noms comme Antoine Watteau (1684-1721), Jacques-Louis David (1748-1825), le peintre du célèbre *Sacre de Napoléon Iᵉʳ* (1806-1807), Eugène Delacroix (1798-1863) ou encore Pierre-Auguste Renoir (1841-1919) sont influencés par l'œuvre de Rubens. Ils en retirent ce qu'ils souhaitent en fonction de leur sensibilité propre : les formes pour l'un, le traitement des thèmes antiques pour l'autre, ou bien encore les couleurs ou la vitalité du mouvement.

Pour l'histoire de l'art du XVIIe siècle, Rubens est la référence en termes de couleurs. Celles-ci tiennent une place telle dans son œuvre que l'historien de l'art Jean de Falaise (Charles-Philippe de Chennevières-Pointel de son vrai nom, 1820-1899) invente le terme de « rubéniste » pour qualifier les tenants de la couleur dans la querelle les opposant aux « poussinistes », qui défendent quant à eux le tracé. L'opposition entre poussinistes et rubénistes commence en 1671 à l'Académie royale de peinture et de sculpture de Paris. Elle divise les suiveurs de Nicolas Poussin (1594-1665), qui soutiennent que le dessin est ce qu'il y a de plus important dans la réalisation d'une peinture, et les rubénistes, qui privilégient quant à eux la couleur comme moyen d'expression. On considère généralement que les coloristes sortent vainqueurs de la querelle puisque la toile rococo *Le Pèlerinage à l'île de Cythère* d'Antoine Watteau lui permet d'être reçu à l'Académie en 1717.

EN RÉSUMÉ

- Rubens naît en 1577 en Westphalie et décède en 1640 à Anvers, sa ville de prédilection et dont il a tant contribué au rayonnement.

- Après son apprentissage à Anvers, il voyage dans toute l'Italie pendant huit ans et travaille inlassablement afin d'intégrer les styles des maîtres de la Renaissance. Titien, le peintre vénitien de la couleur, est son préféré.

- Rubens est très apprécié des grands d'Europe et reçoit rapidement des commandes de riches dirigeants et d'aristocrates. Il est successivement le peintre officiel des cours du duc de Mantoue et des Pays-Bas espagnols. Mais le talent de Rubens ne se limite pas à la peinture : il est un habile diplomate doté d'un sens aigu de la politique. Il est souvent envoyé d'une cour à l'autre, œuvrant pour la paix.

- Il met son art au service de la Contre-Réforme catholique afin de contrer la propagation de la doctrine protestante.

- Rubens recherche le spectacle, l'ampleur, l'ostentation : il est le peintre par excellence de l'art baroque. Il privilégie donc la peinture d'histoire, s'inspirant aussi bien de la mythologie que des récits religieux.

- Les commandes pleuvent des quatre coins d'Europe et des riches Anversois : Rubens dispose d'un grand atelier, c'est pourquoi chacune de ses œuvres doit être considérée comme le résultat d'un travail effectué à plusieurs mains.

- Le style et la pensée de Rubens n'ont cessé d'évoluer : d'un italianisme convaincu à ses débuts, qu'il associe par la suite à ses élans dynamiques et colorés, il s'exprime au fur et à mesure de façon beaucoup plus subtile, en optant pour un style plus lyrique et plus fluide.

POUR ALLER PLUS LOIN

SOURCES BIBLIOGRAPHIQUES

- ALPERS (Svetlana), *La Création de Rubens*, Paris, Gallimard, 1996.
- BALIS (Arnout), DUCOS (Blaise), DUINDAM (Jeroen) *et alii*, *L'Europe de Rubens*, Lens/Paris, musée du Louvre-Lens et Hazan, 2013.
- BÉNÉZIT (Emmanuel) (dir.), *Dictionnaire critique et documentaire des peintres, sculpteurs, dessinateurs et graveurs de tous les temps et de tous les pays par un groupe d'écrivains spécialistes français et étrangers*, volume 12, 4e édition, Paris, Gründ, 1999.
- BLUCHE (François) (dir.), *Dictionnaire du Grand Siècle*, édition revue et corrigée, Paris, Fayard, 2005.
- LANEYRIE-DAGEN (Nadeige) (dir.), *Rubens*, Paris, Hazan, 2003.
- LOHSE BELKIN (Kristin), *Rubens*, Londres, Phaidon, 1998.
- SUTTON (Peter C.) (dir.), *Le Siècle de Rubens*, Paris, Albin Michel, 1994.
- VANDER AUWERA (Joost), VAN SPRANG (Sabine) et ROSSI-SCHRIMPF (Inga) (dir.), *Rubens. L'atelier du génie*, catalogue d'exposition (Musée Royaux des Beaux-Arts de Belgique, Bruxelles, septembre 2007-janvier 2008), Bruxelles, Racine, 2007.

SOURCES ICONOGRAPHIQUES

- RUBENS (Pierre Paul), *La Chasse aux tigres et aux lions*, vers 1616, huile sur toile, 253 x 319 cm, Rennes, musée des Beaux-Arts de Rennes. La photo reproduite est réputée libre de droits.
- RUBENS (Pierre-Paul), *L'Éducation de la reine*, vers 1622-1625, huile sur toile, 394 x 295 cm, Paris, musée du Louvre. La photo reproduite est réputée libre de droits.

- RUBENS (Pierre Paul), *L'Enlèvement des filles de Leucippe*, 1617-1618, huile sur toile, 224 x 210,5 cm, Munich, Alte Pinakothek. La photo reproduite est réputée libre de droits.

- RUBENS (Pierre Paul), *l'Érection de la Crolx*, vers 1609-1610, huile sur toile, 460 x 340 cm, Anvers, cathédrale Notre-Dame. La photo reproduite est réputée libre de droits.

- RUBENS (Pierre Paul), *Portrait de Suzanne Fourment* ou *Le Chapeau de paille*, vers 1622-1625, huile sur bois de chêne, 79 x 54,6 cm, Londres, National Gallery. La photo reproduite est réputée libre de droits.

- RUBENS (Pierre Paul), *Portrait équestre du duc de Lerme*, 1603, huile sur toile, 290,5 x 207,5 cm, Madrid, musée du Prado. La photo reproduite est réputée libre de droits.

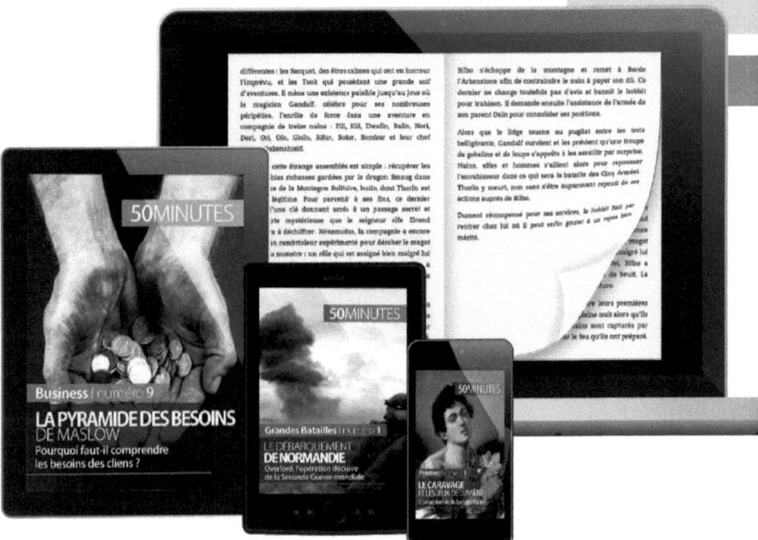

www.50minutes.com

Éditeur responsable : Lemaitre Publishing
Rue Lemaitre 4 | BE-5000 Namur
info@lemaitre-editions.com

ISBN ebook : 978-2-8062-5794-9
ISBN papier : 978-2-8062-5795-6
Dépôt légal : D/2014/12603-167
Photo de couverture : © *L'Enlèvement des filles de Leucippe*, par Rubens, 1617-1618.

Conception numérique : Primento, le partenaire numérique des éditeurs